まちごとインド

South India 022 Thiruvananthapuram

ティルヴァナンタプラム
伝統と革新の ケーララ「州都」

തിരുവനന്തപുരം

Asia City Guide Production

【白地図】南インド

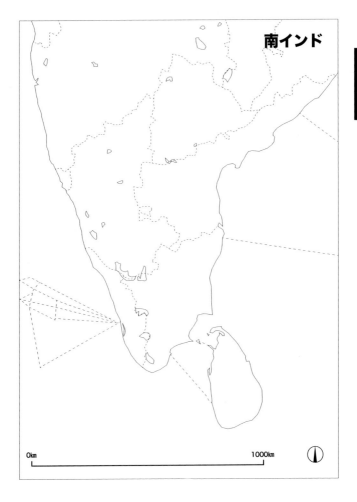

【白地図】ケーララ州

INDIA
南インド

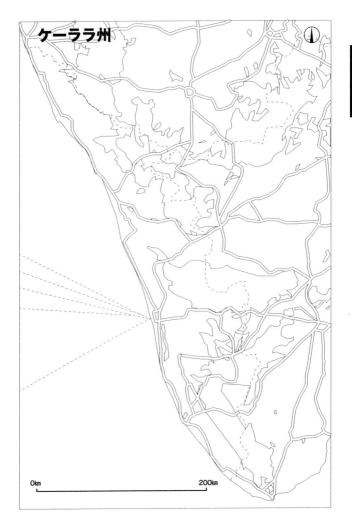

【白地図】ティルヴァナンタプラム

INDIA
南インド

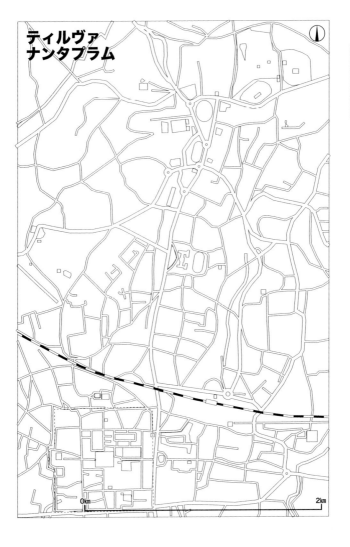

ティルヴァナンタプラム / Thiruvananthapuram / 白地図

【白地図】旧市街

INDIA
南インド

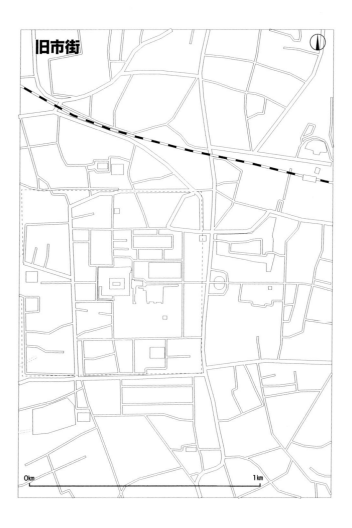

【白地図】新市街

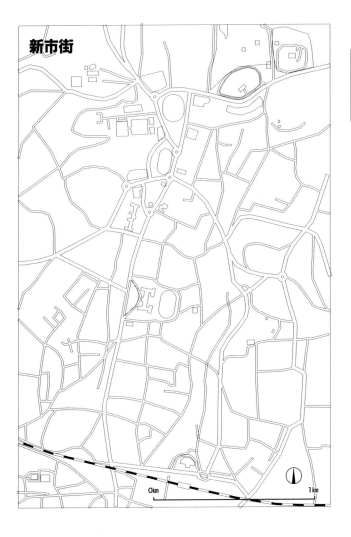

【白地図】パラヤム

INDIA
南インド

【白地図】ネイピア博物館

INDIA
南インド

ネイピア博物館

Thiruvananthapuram　白地図

【白地図】コヴァーラムビーチ

INDIA
南インド

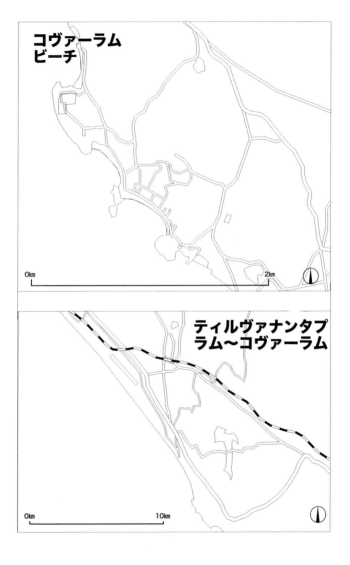

【白地図】ティルヴァナンタプラム郊外

INDIA
南インド

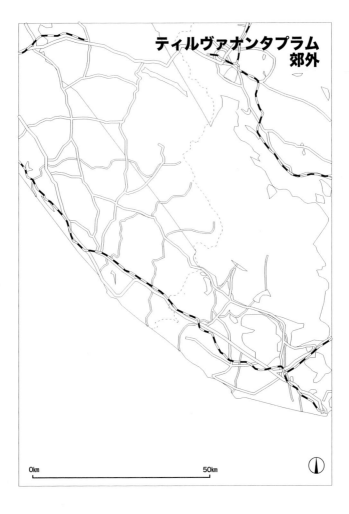

【まちごとインド】
南インド 021 はじめてのケーララ
南インド 022 ティルヴァナンタプラム
南インド 023 バックウォーター
　　　　　（コッラム～アラップーザ）
南インド 024 コーチ（コーチン）
南インド 025 トリシュール

INDIA
南インド

　インド南西部に細長く続くケーララ州の、その南端に位置するティルヴァナンタプラム。州都であるがこぢんまりとした雰囲気を残し、バナナやココヤシの木が茂る南国の風情がただよっている。

　この街が現在の地位になったのは18世紀のことで、トラヴァンコール王国のマールタンダ・ヴァルマ王（在位1729～58年）がここに都をおき、南ケーララ一帯の領土をおさめた。街の中心には王家の守護神である「蛇に横たわるヴィシュヌ神」がまつられ、ティルヴァナンタプラムとは「聖なる蛇の都」

തിരുവനന്തപുരം.
Thiruvananthapuram
ティルヴァナンタプラム

を意味する。

　トラヴァンコール王国は18〜20世紀のイギリス統治時代は藩王国として持続し、開明的なマハラジャ（藩王）のもと、インドでもっとも早く近代化が進んだ。インド独立後の1956年、ケーララ州の州都となり、20世紀末になってトリヴァンドラムからマラヤーラム語読みのティルヴァナンタプラムと呼ばれるようになった。

【まちごとインド】
南インド 022 ティルヴァナンタプラム

目次

ティルヴァナンタプラム	xx
最南端の藩王の都	xxviii
旧市街城市案内	xxxvii
母系制と正統バラモン	xlvii
新市街城市案内	liii
博物館鑑賞案内	lxx
郊外城市案内	lxxvi
城市のうつりかわり	lxxxviii

【MEMO】

【地図】南インド

INDIA
南インド

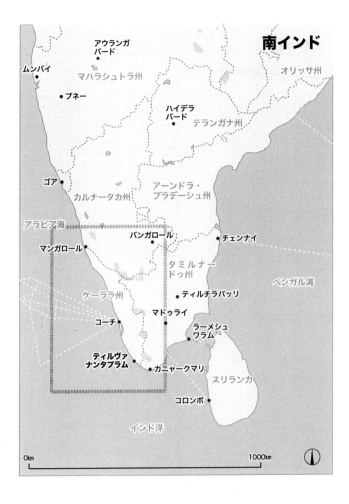

【地図】ケーララ州

INDIA
南インド

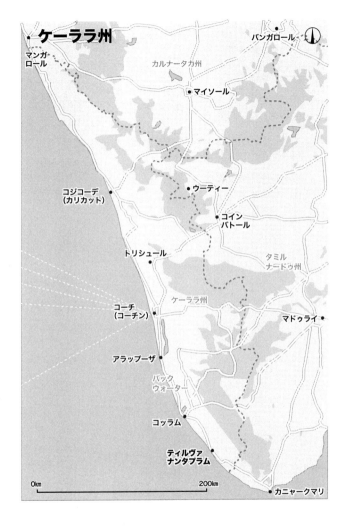

最南端の藩王の都

INDIA
南インド

アラビア海の海岸から市街まで5km
海から吹く潮風がココヤシの葉を揺らし
南国特有のゆったりとした時間が流れる

木造建築の世界

インドの人々の生活に大きな影響をあたえる南西モンスーンはケーララを最初に訪れ、海からの風が西ガーツ山脈にぶつかって多くの雨を降らせる。そのためケーララでは他のインドと違って石づくりではなく、湿気の高い気候にあわせた木造建築が立つ（インド世界では、ヒマラヤやネパールが同様の様式をもつ）。雨を素早く落とすための切妻屋根、風通しがよく開放性の高い柱と梁による建築素材には、西ガーツ山脈で産出されるチーク材が使われる。ケーララでは木造の宮殿やヒンドゥー寺院のほか、木造のモスクやキリスト教会も

▲左　木造屋根が印象的な建築、ネイピア博物館。　▲右　ティルヴァナンタプラムでは共産党が強い力をもっている

見られる。こうした建物の壁面には鉄分をふくんだラテライト（紅土）がほどこされている。

アユールヴェーダの一大拠点

豊富に自生する薬草があり、ケーララ・バラモンのあいだで伝統療法が受け継がれてきたことから、ティルヴァナンタプラムはアーユルヴェーダの本場となっている。インドの伝統医学アーユルヴェーダは5000年の伝統をもつと言われ、中央アジアから進出したアーリア人とインダス文明以来の知識が経験的に体系化されてきた（古代インドの医学書には

INDIA
南インド

1000を超す薬草が記されている)。この医学では生命を身体だけではなく、精神・五感・我の総合体ととらえ、薬草やオイルマッサージ、温熱療法をほどこして身体のバランスを整え、正しい方向へ導こうとする。ティルヴァナンタプラム市街中央にはアーユルヴェーダ大学が位置する。

街の構成

ティルヴァナンタプラムの街には、鉄道駅の南西に広がる旧市街と鉄道駅北西の新市街というふたつの中心がある。旧市街にはこの街の起源と関係するパドマナーバスワーミ寺院、

最南端の藩王の都

Thiruvananthapuram

トラヴァンコール王国の王族が起居したプーテン・マリガ宮殿が残り、新市街には官公庁や学校などの教育機関、モスクやキリスト教会が集中している。このふたつの街を南北に結ぶのがM.G.ロードで、北に向かってゆるやかに傾斜し、その先の丘陵地帯には博物館や動物園が位置する。

【MEMO】

INDIA
南インド

【MEMO】

Thiruvananthapuram

最南端の藩王の都

【地図】ティルヴァナンタプラム

【地図】ティルヴァナンタプラムの [★★★]
- [ ] プーテン・マリガ宮殿博物館
  Puthen Maliga Palace Museum

【地図】ティルヴァナンタプラムの [★★☆]
- [ ] パドマーナバ・スワーミ寺院
  Padmanbha Swamy Temple
- [ ] M.G. ロード M.G.Road
- [ ] ネイピア博物館 Napier Museum

【地図】ティルヴァナンタプラムの [★☆☆]
- [ ] 旧市街 Old City
- [ ] スタチュー Statue
- [ ] 聖ジョセフ教会 St.Joseph's Metropolitan Cathedral
- [ ] カナカクンヌ宮殿 Kanakakunnu Palace

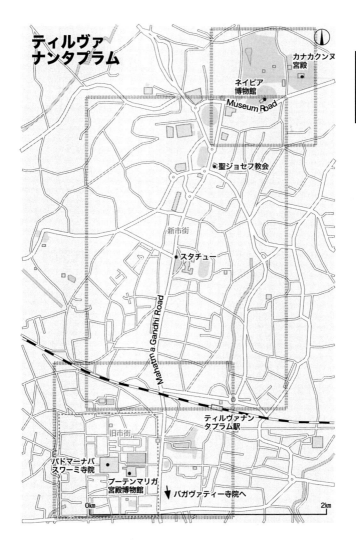

Guide, Old City
旧市街
城市案内

トラヴァンコール王国の都がおかれていた旧市街
その中心にはパドマーナバスワーミ寺院が立ち
美しい木造の宮殿も残っている

旧市街 Old City [★☆☆]

18〜20世紀のトラヴァンコール王国時代以来の伝統をもつ旧市街。もともとこの王国の都は、コモリン岬近くのパドマナーバプラムにあったが、1790年、パドマーナバスワーミ寺院のあるこの地へ遷都された。当時の方形街区とともに、一部で城壁の跡が残っている。

パドマーナバ・スワーミ寺院
Padmanbha Swamy Temple [★★☆]

トラヴァンコール王家の守護神パドゥマナーバン（ヴィシュ

INDIA
南インド

▲左　奥がパドマナーバ・スワミ寺院、ドラヴィダ式のゴープラが見える。
▲右　パドマナーバ・スワミ寺院前の沐浴場

ヌ神）がまつられたパドマナーバスワーミ寺院。9世紀の詩に詠われるなど古くからその存在は確認できるが、現在の寺院は1729年、マールタンダ・ヴァルマ王の即位とともに再建された。1750年、マハラジャはここで祭祀を行ない、王国の領土をこの寺院のパドゥマナーバン神に捧げ、自らはその下僕として領土統治にあたった（この神の威光をもって南ケーララを統治した）。寺院の正門にはタミル式の門塔ゴープラが立つなど、タミルとケーララの様式が融合していて、寺院前には沐浴池が残っている。厳格なヒンドゥー教の伝統から、異教徒はこの寺院に立ち入ることはできない。

【MEMO】

【地図】旧市街

【地図】旧市街の [★★★]
- [ ] プーテン・マリガ宮殿博物館 Puthen Maliga Palace Museum

【地図】旧市街の [★★☆]
- [ ] パドマーナバ・スワーミ寺院 Padmanbha Swamy Temple
- [ ] M.G. ロード M.G.Road

【地図】旧市街の [★☆☆]
- [ ] インディアン・コーヒーハウス Indian Coffee House
- [ ] 旧市街 Old City
- [ ] チャライ・バザール Chalai Bazar
- [ ] ガネーシャ寺院 Pazhavangadi Ganapathi Temple

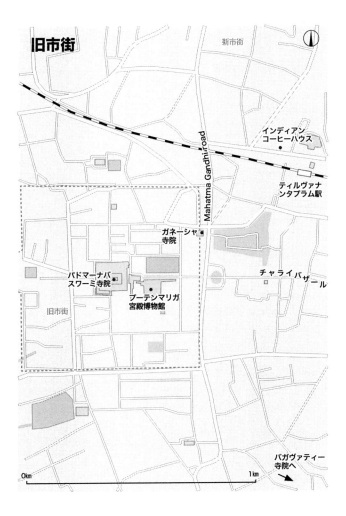

INDIA
南インド

プーテン・マリガ宮殿博物館
Puthen Maliga Palace Museum ［★★★］

プーテン・マリガ宮殿博物館はトラヴァンコール王国の王族が起居した宮殿跡で、二層からなる木造建築は勾配屋根をもち、柱や窓枠は美しい彫刻で彩られている（西ガーツ山脈のチーク材で組まれている）。18世紀、マールタンダ・ヴァルマ王の時代に建てられ、その後、改修が繰り返されている。王国では文化や芸術が保護され、この宮殿は学者や詩人、芸術家などが集まる社交の場となっていた。またこの宮殿に暮らした王家はケーララの伝統である母系制をとり、父から子

▲左　プーテン・マリガ宮殿博物館、木造建築の傑作。　▲右　外に対して開放的なつくりとなっている

へと受け継がれるのではなく「母の兄弟の子」が王位や財産を継いだ（マールタンダ・ヴァルマ王も叔父のラーマ・ヴァルマ王を継いで23歳で即位した）。

チャライ・バザール Chalai Bazar ［★☆☆］

パドマナーバ・スワーミ寺院を起点に東西に走るチャライ・バザール。旧市街の目抜き通りとなっていて、各種店舗が軒を連ねる。

INDIA
南インド

▲左　ケーララ州で使われているマラヤーラム語。　▲右　ガネーシャ寺院、真っ黒なたたずまい

ガネーシャ寺院
Pazhavangadi Ganapathi Temple ［★☆☆］

ティルヴァナンタプラム駅の南西、MGロード沿いに立つガネーシャ寺院。黒色でおおわれた特徴ある外観をもち、商売の神様であるガネーシャ神がまつられている。

【MEMO】

INDIA
南インド

バガヴァティー寺院 Attukal Bhagavathy Temple [★☆☆]
旧市街南部に残るバガヴァティー寺院。ティルヴァナンタプラムでもっとも古い伝統をもち、疫病や災いから村を守ってくれるケーララ特有の女神がまつられている（女神には動物や酒などが捧げられる）。タミルナードゥ州で見られるドラヴィダ式の門塔ゴープラをもつ。

母系制と
正統
バラモン

20世紀まで母系社会が残っていたケーララ地方
これまで家族制度や財産相続で何度も言及され
「女の(支配する)ケーララ」とも呼ばれてきた

トラヴァンコール王国とは

12〜18世紀のケーララは地方領主のおさめる国に分立していて、ヴェーナドゥ(トラヴァンコール)はティルヴァナンタプラムからコモリン岬までを領土とする小国だった。1729年に即位したマールタンダ・ヴァルマ王は行政改革を進め、タミル語地域をふくむケーララの辺境から、南ケーララ全域に領土を広げた(その際、ヨーロッパ人の軍事顧問を招き、西欧人に胡椒を売って武器を購入した)。トラヴァンコール王国はやがてイギリスの保護国となるが、歴代のマハラジャは開明的な藩王が多く、教育、司法制度、鉄道の敷設や郵便

INDIA
南インド

などでいち早く近代化が進められた。

女性を基盤とした母系制

ケーララの戦士階級ナーヤルは伝統的に母系社会を基盤とし、子どもは母親とその兄弟と同居する母系家族で生活を送っていた（トラヴァンコール王家はナーヤル・カースト）。この家族の女性は一妻多夫制のように何人かの男性と夫婦関係を結んだことから、子どもは自分の父親を知ることがなく、男性は子どもを認知する必要もなかった。母系家族では財産所有権と運営権がわけられ、何人かいる夫のひとりが家長（最

▲左　トラヴァンコールは開明的な藩王に恵まれた。　▲右　ケーララ州では女性の地位が高い

年長の男子）となったが、その財産は父から子ではなく、母の兄弟の息子に相続された。そのため父の子と母の兄弟の子を結婚させる「交叉イトコ婚」が発達し、父の子にも財産を相続させた。こうした習慣からケーララでは、女性の社会的地位、経済的地位が相対的に高く、中世以来、この地を訪れた西欧人に驚きのまなざしで見られていた。ケーララのこの母系家族は20世紀まで続き、1976年に法律上ではなくなった。

INDIA
南インド

ヒンドゥーの伝統

西ガーツ山脈とアラビア海にはさまれたケーララは陸の孤島となっていて、インドのほかの地域で失われた古いサンスクリット文化が色濃く残っている。(かつては)厳格なヒンドゥーの考えから、上位カーストに対してとるべき距離が定められ、低いカーストの人々には寺院が開放されないといった状況は、1896年にこの地を訪れたヴィヴェーカーナンダを辟易させた。こうしたケーララのヒンドゥー文化の担い手が7〜8世紀ごろに北インドから移住してきたナンブディリ・バラモンで、中世のケーララで強い王権が生まれなかったこ

Thiruvananthapuram

母系制と正統バラモン

とから宗教者が支配階級となってきた。またナンブディリ・バラモンでは長男のみが同じカーストと結婚し、次男以下は母系集団ナーヤルなどとゆるやかな夫婦関係を結んだ(ナーヤルの母系集団の慣習に対応した)。

Guide, New City
新市街
城市案内

南北3kmにわたってに伸びる M.G. ロード
この道の両脇にはティルヴァナンタプラムの
主要な機関や施設がずらりとならぶ

インディアン・コーヒーハウス
Indian Coffee House [★☆☆]

ティルヴァナンタプラム駅の駅前に立つインディアン・コーヒーハウス。円柱形の建物内部は回転しながら上部へ続き、西ガーツ山脈で産出されたコーヒーなどが扱われている。

M.G. ロード M.G.Road [★★☆]

M.G. ロードは旧市街から新市街へとティルヴァナンタプラムの南北をつらぬく大通り。新市街はイギリス統治時代に整備され、M.G. ロードの両脇には官公庁やモスク、キリスト

INDIA
南インド

教会などがならぶ(コーチが商業都市なのに対して、ティルヴァナンタプラムは政治の都となっている)。MGとはインド独立の父マハトマ・ガンジーを意味する。

スタチュー Statue [★☆☆]
新市街の中心部、周囲に官公庁がならぶスタチュー。スタチューとは銅像のことで、とくにケーララの発展に尽力したトラヴァンコール藩王国の宰相マーダヴァ・ラーオに由来する(教育や法制度、工業などで近代化が進められた)。

▲左　駅前に立つインディアン・コーヒーハウス。　▲右　ティルヴァナンタプラムの目抜き通り M.G. ロード

ケーララの高い教育水準

ケーララ州は教育の盛んな地域として知られ、この州の識字率は100%近くとインド最高を誇り、街では多くの書店が見られる。トラヴァンコール王国時代の1817年に州民のための教育勅令が出され、1829年に図書館が開館、1834年にティルヴァナンタプラムに最初の英語学校が開校している（公立学校も1860年代に開校した）。

南インド

ヴィクトリア・ジュビリー・タウンホール
Victoria Jubilee Town Hall [★☆☆]

南から走る M.G. ロードのちょうど突きあたりに立つヴィクトリア・シュビリー・タウンホール。イギリスの影響もあって近代化が進んだトラヴァンコール藩王国時代の 19 世紀に建てられた。ここでは会議などが行なわれた。

カマネラ・マーケット Connemera Market [★☆☆]

パラヤム・ジャンクションに面するカマネラ・マーケット。1857 年に開かれ、以来、この街を代表する市場として知ら

【MEMO】

【地図】新市街

【地図】新市街の [★★☆]
- [ ] M.G. ロード M.G.Road
- [ ] ネイピア博物館 Napier Museum

【地図】新市街の [★☆☆]
- [ ] ヴィクトリア・ジュビリー・タウンホール Victoria Jubilee Town Hall
- [ ] カマネラ・マーケット Connemera Market
- [ ] 立法議会 Legislative Assembly
- [ ] 動物園 Zoo
- [ ] カナカクンヌ宮殿 Kanakakunnu Palace
- [ ] スタチュー Statue
- [ ] 旧市街 Old City

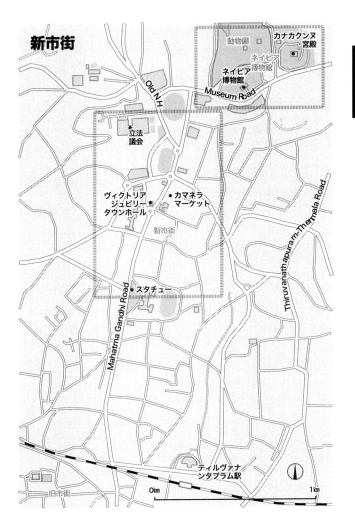

【地図】パラヤムの [★★☆]
- [ ] M.G. ロード M.G.Road

【地図】パラヤムの [★☆☆]
- [ ] ヴィクトリア・ジュビリー・タウンホール Victoria Jubilee Town Hall
- [ ] カマネラ・マーケット Connemera Market
- [ ] パラヤム・ジャマー・マスジッド Palayam Juma Masjid
- [ ] 聖ジョセフ教会 St.Joseph's Metropolitan Cathedral
- [ ] 立法議会 Legislative Assembly
- [ ] スタチュー Statue

【MEMO】

INDIA
南インド

【MEMO】

INDIA
南インド

れてきた。雑貨や金物などを売る店がならぶ。

隣りあわせる異宗教

インドの富を求めて西方から訪れる人々が季節風に乗ってまず到着するのがアラビア海に面したケーララの地だった。古くからさまざまな人種や宗教を信仰する人々が往来したこともあって、ケーララ州ではキリスト教徒やイスラム教徒がそれぞれ20％ずつをしめている（両者をあわせると40％になる）。こうした異文化が共存する状況は交易を通して徐々につくられたもので、北インドと違って社会が安定しているの

▲左　M.G.ロード沿いに立つ聖ジョセフ教会。　▲右　カマネラ・マーケット、外ではリキシャが待機する

が特徴だという。

パラヤム・ジャマー・マスジッド Palayam Juma Masjid[★☆☆]

パラヤム・ジャンクションに立つ白亜のイスラム礼拝堂。7世紀、イスラム教が誕生すると、すぐにケーララにも伝わったと言われ、現在では州人口20%をイスラム教徒がしめる。このモスクは19世紀に建てられたもので、金曜日の集団礼拝が行なわれる。

聖ジョセフ教会 St.Joseph's Metropolitan Cathedral [★☆☆]

モスクとちょうど向かいあうように立つ聖ジョセフ教会。1

INDIA
南インド

世紀ごろ、キリスト十二使徒のひとり聖トーマスが南インドで布教したと伝えられ、東方教会シリア派の伝統を受け継ぐ人々もケーララの地で生活している。聖ジョセフ教会はローマ・カトリック教会のもので、1837年に建てられた(ローマ・カトリックは15世紀末以降、布教にあたった)。

立法議会 Legislative Assembly [★☆☆]
切妻屋根をしたケーララ特有の建築様式をもつ立法議会。この街では法による統治がいち早くとり入られた。

【MEMO】

INDIA
南インド

強い共産党の勢力

ティルヴァナンタプラムの街角では、共産党を示す赤旗がしばしば目に入り、ケーララはインドでも共産党の力が強い州として知られる。ケーララでは伝統的にごく少数のバラモンが大土地私有を行なってきたことへの反発もあって、1957年、普通選挙で共産党が政権を獲得している。共産党政権、またその強い影響のもと、小作人がより有利になる農地政策、医療改善が行なわれてきた。

Guide,
Napier Museum
博物館
鑑賞案内

INDIA
南インド

M.G. ロードの北端近く
街にのぞむゆったりとした公園に
ネイピア博物館や動物園が位置する

ネイピア博物館 Napier Museum ［★★☆］

市街北部の丘陵地に広がる公園に立つネイピア博物館。ケーララ式の屋根を上部に載せ、壁面は赤と白の文様で彩られたインド・サラセン様式となっている（イギリス植民地下で活躍したイギリス人建築家による設計で、ケーララ建築とヨーロッパ建築が融合している）。1880年に完成し、内部にはインドの彫刻や工芸品が展示されているほか、インド人職人による木彫り彫刻が隅々にまで見られる。ネイピアとはマドラス管区の知事の名前に由来する。

▲左　ヒンドゥー石刻が安置されていた。　▲右　切妻屋根の様式をもつネイピア博物館

シュリーチトラ美術館 Sri Chitra Art Galley［★☆☆］

ネイピア美術館の北西に立つシュリーチトラ美術館。西洋絵画の影響を受けた肖像画やインド人女性の作品を描いたラヴィ・ヴァルマの作品で知られる。インドを代表する画家ラヴィ・ヴァルマは1848年、トラヴァンコール藩王国に生まれ、血縁関係のあるマハラジャの宮廷で過ごしながら絵を描いた。

動物園 Zoo［★☆☆］

ティルヴァナンタプラム動物園はインドでもっとも古い動物

INDIA
南インド

▲左　シシオザルに会える動物園にて。　▲右　こぢんまりとしているが見応えのあるシュリーチトラ美術館

園で、1857年、トラヴァンコール藩王によって建設された。80種類の動物が飼育され、西ガーツ山脈に生息するシシオザル（ライオンのようなタテガミをもつ）、ニルギリ・ラングール、インド・サイといった希少動物も見られる。

カナカクンヌ宮殿 Kanakakunnu Palace [★☆☆]
カナカクンヌ宮殿は、ネイピア博物館の東側に隣接するマハラジャの宮殿跡。敷地内はゆったりとした空間が広がっている。

【MEMO】

【地図】ネイピア博物館

【地図】ネイピア博物館の ［★★☆］
- [ ] ネイピア博物館 Napier Museum

【地図】ネイピア博物館の ［★☆☆］
- [ ] シュリーチトラ美術館 Sri Chitra Art Galley
- [ ] 動物園 Zoo
- [ ] カナカクンヌ宮殿 Kanakakunnu Palace

ネイピア博物館

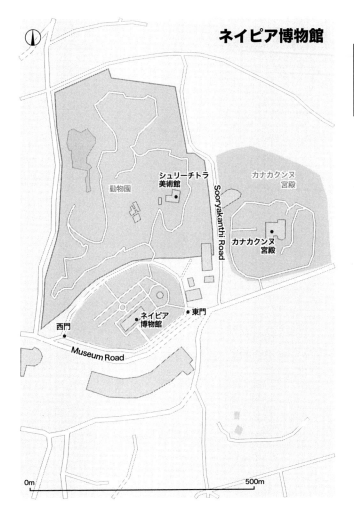

Thiruvananthapuram

博物館鑑賞案内

Guide,
Around Thiruvananthapuram
郊外
城市案内

美しい砂浜が続くコヴァーラム・ビーチ
アーシュラムや古い寺院、ITパークが
ティルヴァナンタプラム郊外に点在する

コヴァーラム・ビーチ Kovalam Beach [★★★]

インドでもっとも美しいビーチにあげられるコヴァーラム・ビーチ。アラビア海に面したこの海岸では、白い砂浜に波が打ち寄せ、ココヤシの木が続いていく。海岸沿いには海鮮料理店やアーユルヴェーダをほどこすアーシュラム(施設)も見られる。ティルヴァナンタプラムから南に15km。

【MEMO】

【地図】コヴァーラムビーチの [★★★]
- [ ] コヴァーラム・ビーチ Kovalam Beach

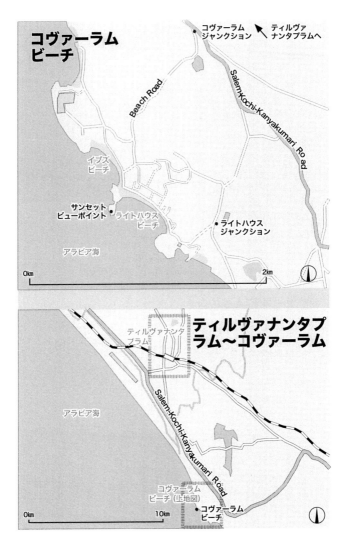

▲左　丸っぽくて愛らしいマラヤーラム文字。　▲右　ゆったりとした時間が流れるコヴァーラム・ビーチ

プーヴァー島 Poovar Island ［★☆☆］

コヴァーラム・ビーチの南、アラビア海に面したプーヴァー島。背後に椰子の木が茂り、目の前にアラビア海が広がる絶好の環境をもつ。ティルヴァナンタプラムから 40 km。

ティルヴァナンタプラム・テクノパーク
Technopark ［★☆☆］

ケーララ州政府の主導でつくられたティルヴァナンタプラム・テクノパーク。インド最大規模のIT集積地で、コンピュータやデータ通信などの研究所がならぶ。

【MEMO】

【地図】ティルヴァナンタプラム郊外

【地図】ティルヴァナンタプラム郊外の [★★★]
- [ ] コヴァーラム・ビーチ Kovalam Beach

【地図】ティルヴァナンタプラム郊外の [★☆☆]
- [ ] プーヴァー島 Poovar Island
- [ ] ティルヴァナンタプラム・テクノパーク Technopark
- [ ] サンティギリ・ロータス・パルナサラ Santhigiri Lotus Parnasala
- [ ] サルカラ・デーヴィー寺院 Sarkara Devi Temple
- [ ] アンジュテング Anchuthengu

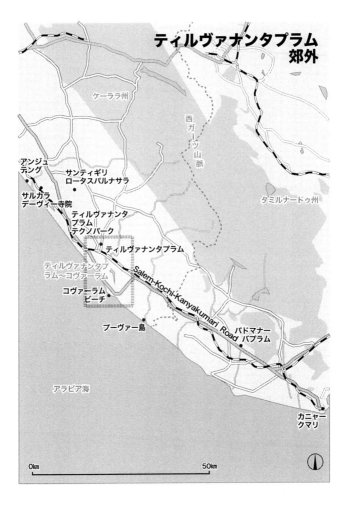

INDIA
南インド

サンティギリ・ロータス・パルナサラ
Santhigiri Lotus Parnasala ［★☆☆］

蓮の花のかたちをしたサンティギリ・ロータス・パルナサラ（ロータス寺院）。高さ 28m の特徴的な外観をもち、瞑想やヨガを行なうアーシュラムとなっている。

サルカラ・デーヴィー寺院 Sarkara Devi Temple ［★☆☆］
サルカラ・デーヴィー寺院にはケーララ土着のバガヴァティー女神がまつられ、トラヴァンコール王家も守護神とした。この女神はケーララ各地の村々でも信仰され、疫病や災いから人々を守るという（正統派ヒンドゥーの伝統とは異なる）。ティルヴァナンタプラムから北西30kmに位置し、トラヴァンコール王家は毎年1月にこの寺院に訪れて礼拝したという。

INDIA
南インド

アンジュテング Anchuthengu [★☆☆]

ティルヴァナンタプラムの北西 40 kmに位置し、イギリス東インド会社の商館と要塞がおかれていたアンジュテング。イギリスはポルトガル、オランダに続いて南インドに進出し、1690 年、この地に拠点をおいた（綿布や胡椒を買いつけた）。当初、マラバール海岸ではオランダの勢力が優勢だったが、1723 年にイギリスはトラヴァンコール王国と結び、やがて南インドでの地位を確固たるものとした。

城市の
うつり
かわり

INDIA
南インド

「聖なる蛇の都」を意味するティルヴァナンタプラム
ヴィシュヌ神の化身パラシュラーマの神力で
浮かびあがったというケーララの州都

古代（～12世紀）

マラバール海岸南端近くに位置するティルヴァナンタプラムでは、紀元前から海上交易が行なわれていた。紀元前3世紀のアショカ王碑文で確認できるように、この地には古代タミル族が進出し、コドゥンガルールなどに都をおくケーララの統一王権チェーラ朝の版図にふくまれていた。その後、6世紀ごろからバラモンの移住でサンスクリット文化が北インドからケーララに伝わり、9世紀ごろマラヤーラム語はタミル語からわかれた。チェーラ朝による王権は12世紀まで続き、ケーララという名前はこのチェーラ朝に由来するという。

Thiruvananthapuram｜城市のうつりかわり

中世（12 〜 18 世紀）

チェーラ朝が12世紀に滅んで以降、イギリスの勢力下に入る18世紀末まで、ケーララではカリカット、コーチンなど小国がならび立つ状態が続いた。ティルヴァナンタプラムはコモリン岬にまで広がるヴェーナドゥ国の領土で、のちにトラヴァンコール王国へと発展している（ケーララの小国群では母系制がとられていたため、財産の相続をめぐって分裂を繰り返していた）。これらの王国は胡椒貿易などによる富で栄えていたが、やがて1498年にヴァスコ・ダ・ガマが北ケーララのカリカットに到着して以来、ポルトガル、オランダ、

INDIA
南インド

イギリスといった国々がケーララに進出した。

トラヴァンコール王国（18世紀）

ヴェーナドゥ（トラヴァンコール王国）の都はコモリン岬近くのパドマナーバプラムにあったが、1729年に即位したマールタンダ・ヴァルマ王が勢力を拡大し、南ケーララの小国を併合した。1790年、王家の守護神をまつるパドマナーバ・スワミ寺院のあるティルヴァナンタプラムに遷都され、この地で宮廷文化が華やいだ。「聖なる蛇の都」を意味するティルヴァナンタプラムの名前は、パドマナーバ・スワミ寺院に

▲左 ネイピア博物館にならぶ人々。　▲右　上半身裸の巡礼者、パドマナーバスワミ寺院前にて

まつられたヴィシュヌ神が横たわる蛇にちなむという。またトラヴァンコール王国の拡大はマラバール海岸に商館をおいたオランダ勢力を弱めることになった。

トラヴァンコール藩王国（18〜20世紀）

チェンナイ（マドラス）に商館を構えたイギリスが、オランダやフランスに代わって勢力を伸ばし、1795年、トラヴァンコール王国はその保護国となった。街はトリヴァンドラムと呼ばれ、イギリスは民衆の支持を集めるマハラジャの権威を利用して間接統治を行なった。トラヴァンコール藩王国で

INDIA
南インド

は、西欧の教育制度や司法制度をとり入れられ、他のインド諸国よりも早く近代化が進んだ。こうした状況は1947年のインド独立まで続くことになった。

現代（20世紀～）

1956年、言語州再編の考えから、マラヤーラム語地域の旧トラヴァンコール藩王国、旧コーチン藩王国と旧イギリス領マラバールをあわせてケーララ州が成立した（コモリン岬などタミル語地域はタミル側へ編入された）。このケーララ州は1957年、普通選挙をへて政権をとるなど、共産党の勢力

▲左 さまざまな宗派の人々が共存する。　▲右　書籍が積みあげられている、これもこの街の特徴

が強い州となっている。州都ティルヴァナンタプラムには教育機関や文化施設が集中し、経済的には貧しいが識字率、女性の社会進出など社会指標が高いところからケーララ・モデルとして注目されている（また人口密度が高く、産業が少ないため、多くの人が中東諸国へ出稼ぎに出ている）。

参考文献

『世界歴史の旅南インド』(辛島昇 / 山川出版社)

『南アジア史 3』(辛島昇編 / 山川出版社)

『インド建築案内』(神谷武夫 /TOTO 出版)

『ケーララ (インド) における母系制の解体と女性』(粟屋利江 / 歴史学研究)

『母権制の謎』(小野明子・大林太良 / 評論社)

『19 世紀インド・トラヴァンコールにおけるヒンドゥー王権と国家儀礼』(川島耕司 / 東洋学報)

『アーユルヴェーダとヨーガ』(上馬塲和夫 / 金芳堂)

『世界大百科事典』(平凡社)

まちごとパブリッシングの旅行ガイド
Machigoto INDIA , Machigoto ASIA , Machigoto CHINA

【北インド - まちごとインド】

001 はじめての北インド
002 はじめてのデリー
003 オールド・デリー
004 ニュー・デリー
005 南デリー
012 アーグラ
013 ファテープル・シークリー
014 バラナシ
015 サールナート
022 カージュラホ
032 アムリトサル

【西インド - まちごとインド】

001 はじめてのラジャスタン
002 ジャイプル
003 ジョードプル
004 ジャイサルメール
005 ウダイプル
006 アジメール（プシュカル）
007 ビカネール
008 シェカワティ
011 はじめてのマハラシュトラ
012 ムンバイ
013 プネー
014 アウランガバード
015 エローラ
016 アジャンタ
021 はじめてのグジャラート
022 アーメダバード
023 ヴァドダラー（チャンパネール）
024 ブジ（カッチ地方）

【東インド - まちごとインド】

002 コルカタ
012 ブッダガヤ

【南インド - まちごとインド】

001 はじめてのタミルナードゥ
002 チェンナイ
003 カーンチプラム
004 マハーバリプラム
005 タンジャヴール
006 クンバコナムとカーヴェリー・デルタ
007 ティルチラパッリ
008 マドゥライ
009 ラーメシュワラム
010 カニャークマリ
021 はじめてのケーララ
022 ティルヴァナンタプラム
023 バックウォーター（コッラム〜アラップーザ）
024 コーチ（コーチン）
025 トリシュール

【ネパール - まちごとアジア】

001 はじめてのカトマンズ
002 カトマンズ
003 スワヤンブナート

004 パタン
005 バクタプル
006 ポカラ
007 ルンビニ
008 チトワン国立公園

【バングラデシュ - まちごとアジア】

001 はじめてのバングラデシュ
002 ダッカ
003 バゲルハット（クルナ）
004 シュンドルボン
005 プティア
006 モハスタン（ボグラ）
007 パハルプール

【パキスタン - まちごとアジア】

002 フンザ
003 ギルギット（KKH）
004 ラホール
005 ハラッパ
006 ムルタン

【イラン - まちごとアジア】

001 はじめてのイラン
002 テヘラン
003 イスファハン
004 シーラーズ
005 ペルセポリス
006 パサルガダエ（ナグシェ・ロスタム）
007 ヤズド
008 チョガ・ザンビル（アフヴァーズ）
009 タブリーズ

010 アルダビール

【北京 - まちごとチャイナ】

001 はじめての北京
002 故宮（天安門広場）
003 胡同と旧皇城
004 天壇と旧崇文区
005 瑠璃廠と旧宣武区
006 王府井と市街東部
007 北京動物園と市街西部
008 頤和園と西山
009 盧溝橋と周口店
010 万里の長城と明十三陵

【天津 - まちごとチャイナ】

001 はじめての天津
002 天津市街
003 浜海新区と市街南部
004 薊県と清東陵

【上海 - まちごとチャイナ】

001 はじめての上海
002 浦東新区
003 外灘と南京東路
004 淮海路と市街西部
005 虹口と市街北部
006 上海郊外（龍華・七宝・松江・嘉定）
007 水郷地帯（朱家角・周荘・同里・甪直）

【河北省 - まちごとチャイナ】

001 はじめての河北省
002 石家荘
003 秦皇島
004 承徳
005 張家口
006 保定
007 邯鄲

【江蘇省 - まちごとチャイナ】

001 はじめての江蘇省
002 はじめての蘇州
003 蘇州旧城
004 蘇州郊外と開発区
005 無錫
006 揚州
007 鎮江
008 はじめての南京
009 南京旧城
010 南京紫金山と下関
011 雨花台と南京郊外・開発区
012 徐州

【浙江省 - まちごとチャイナ】

001 はじめての浙江省
002 はじめての杭州
003 西湖と山林杭州
004 杭州旧城と開発区
005 紹興
006 はじめての寧波
007 寧波旧城
008 寧波郊外と開発区
009 普陀山
010 天台山
011 温州

【福建省 - まちごとチャイナ】

001 はじめての福建省
002 はじめての福州
003 福州旧城
004 福州郊外と開発区
005 武夷山
006 泉州
007 厦門
008 客家土楼

【広東省 - まちごとチャイナ】

001 はじめての広東省
002 はじめての広州
003 広州古城
004 天河と広州郊外
005 深圳（深セン）
006 東莞
007 開平（江門）
008 韶関
009 はじめての潮汕
010 潮州
011 汕頭

【遼寧省 - まちごとチャイナ】

001 はじめての遼寧省
002 はじめての大連
003 大連市街
004 旅順
005 金州新区

006 はじめての瀋陽
007 瀋陽故宮と旧市街
008 瀋陽駅と市街地
009 北陵と瀋陽郊外
010 撫順

【重慶 - まちごとチャイナ】

001 はじめての重慶
002 重慶市街
003 三峡下り（重慶〜宜昌）
004 大足

【香港 - まちごとチャイナ】

001 はじめての香港
002 中環と香港島北岸
003 上環と香港島南岸
004 尖沙咀と九龍市街
005 九龍城と九龍郊外
006 新界
007 ランタオ島と島嶼部

【マカオ - まちごとチャイナ】

001 はじめてのマカオ
002 セナド広場とマカオ中心部
003 媽閣廟とマカオ半島南部
004 東望洋山とマカオ半島北部
005 新口岸とタイパ・コロアン

【Juo-Mujin（電子書籍のみ）】

Juo-Mujin 香港縦横無尽
Juo-Mujin 北京縦横無尽
Juo-Mujin 上海縦横無尽

【自力旅游中国 Tabisuru CHINA】

001 バスに揺られて「自力で長城」
002 バスに揺られて「自力で石家荘」
003 バスに揺られて「自力で承徳」
004 船に揺られて「自力で普陀山」
005 バスに揺られて「自力で天台山」
006 バスに揺られて「自力で秦皇島」
007 バスに揺られて「自力で張家口」
008 バスに揺られて「自力で邯鄲」
009 バスに揺られて「自力で保定」
010 バスに揺られて「自力で清東陵」
011 バスに揺られて「自力で潮州」
012 バスに揺られて「自力で汕頭」
013 バスに揺られて「自力で温州」

【車輪はつばさ】
南インドのアイラヴァテシュワラ寺院には建築本体に車輪がついていて寺院に乗った神さまが人びとの想いを運ぶと言います。

・本書はオンデマンド印刷で作成されています。
・本書の内容に関するご意見、お問い合わせは、発行元の
　まちごとパブリッシング info@machigotopub.com までお願いします。

まちごとインド
南インド022ティルヴァナンタプラム
～伝統と革新のケーララ「州都」[モノクロノートブック版]

2017年11月14日　発行

著　者	「アジア城市（まち）案内」制作委員会
発行者	赤松　耕次
発行所	まちごとパブリッシング株式会社
	〒181-0013　東京都三鷹市下連雀4-4-36
	URL http://www.machigotopub.com/
発売元	株式会社デジタルパブリッシングサービス
	〒162-0812　東京都新宿区西五軒町11-13
	清水ビル3F
印刷・製本	株式会社デジタルパブリッシングサービス
	URL http://www.d-pub.co.jp/

MP043

ISBN978-4-86143-177-7 C0326　　　　　Printed in Japan
本書の無断複製複写（コピー）は、著作権法上での例外を除き、禁じられています。